El trabajo y el bienestar después de los 60

Aurora Zea

El trabajo y el bienestar después de los 60

Aurora Zea

© AURORA ZEA
EL TRABAJO Y EL BIENESTAR
DESPUÉS DE LOS 60
ISBN: 9798840310700
Sello: Independently published

Dedicatoria

A mis padres,
con todo mi respeto y admiración por todas sus enseñanzas.

A mis hijos,
quienes siempre han apoyado mis proyectos.

A mis grandes mentores de vida, especialmente a
Don Emilio Garza Reyes, con quien tuve el privilegio de coincidir
en esta vida, me formó como mentora y compartí mi sueño de escribir este libro.
Él partió de este mundo antes de verlo cristalizado y falleció
activo en su profesión hasta el último día de su vida.

A todas las personas que se niegan a dejar de ser productivos
sin importar su edad.

Prólogo

Einstein decía que hay dos formas de ver la vida: una como si nada fuese un milagro y otra como si todo lo es.

Este libro es un aporte a la segunda visión.

Es una invitación a creer en ti y en la abundancia, la sabiduría y la justicia en la tercera etapa de la vida.

Uno de los grandes dilemas intelectuales en relación con la fe es cómo Dios puede ser bueno y justo a la vez. Este libro nos enseña los fundamentos de esta realidad.

La vida, Dios, la providencia, el universo, como lo quieras llamar, está fundamentada en la creación y en el proveer. Eso la hace buena. Pero, al mismo tiempo, es amoral en el sentido de que no favorece a uno sobre otro, sino que nos permite ser dueños de nuestro propio destino, para bien o para mal. Y eso la hace justa.

Este libro, este pequeño libro, posee la sabiduría de los tiempos. Como toda voz que busca instruir, inspirar y activar, es a la vez un mapa para encontrar el camino en la tercera etapa de nuestra vida y, simplemente, una voz solitaria clamando en el desierto.

Y tú, de qué lado de la historia quieres estar: ¿quieres ser parte de los que escuchan, aprenden y se rebelan ante la mediocridad, el desánimo y la cobardía? ¿O prefieres ser de los que forman parte de las filas de los desdichados que desperdician el regalo de vivir con plenitud la tercera fase de su vida, que en muchas formas es la más bella, profunda y valiosa etapa que poseemos? Tú decides.

Te invito a no simplemente leer este libro, sino a hacer todos y cada uno de los ejercicios.

La vida que mereces te espera con los brazos abiertos. Pero requiere que asumas tu grandeza. Abrázala con las dos manos. Vuélvete vulnerable. Pide ayuda. Aplícate, crece... Y disfruta el viaje.

Sé generoso con tu talento, cree en la providencia y haz que tu vida valga la pena ayudando a los demás.

Tienes en tus manos el mapa. Ponte tu sombrero de explorador y descubre los tesoros de la tercera edad que te aguardan en las siguientes páginas.

¡Adelante!

Mac Kroupensky

Aurora Zea

Aurora Zea nace en el seno de una familia conservadora. Ha vivido siempre en Monterrey, México, a donde sus padres llegan en busca de una ciudad en la cual sus hijos pudieran tener estudios universitarios. Desde pequeña le inculcaron los valores familiares. Entre ellos, destacan: el estudio y el aprendizaje.

Se gradúa de Ingeniera Química Administradora por parte del Instituto Tecnológico de Monterrey. Posteriormente, realiza otros estudios: la Licenciatura en Educación y Maestría en Administración.

Desde sus 21 años, recién graduada, trabaja para diferentes empresas privadas con una trayectoria ininterrumpida incluso al nacimiento de sus dos hijos. Durante este período, con la finalidad de tener más flexibilidad de tiempo para compartir con sus pequeños, decide emprender en forma independiente. Fueron tan solo 9 años, ya que la vida corporativa seguía siendo su pasión.

Cercana a la edad de su jubilación, decide prepararse para la siguiente etapa de la vida y se forma como Mentora en Productividad Personal, profesión que empieza a realizar poco antes de separarse de la empresa para la cual trabajaba. Hoy, continúa esta labor aunada a otros proyectos.

El presente es su primer libro, mas ya tiene otros en el tintero.

Enlaces de contacto

Aurora.zea@gmail.com

https://www.facebook.com/aurorazea.autora

https://www.youtube.com/channel/UC1WQYaQDRNht7NNNUhvsKMQ

https://www.facebook.com/mentoriaprodmf/

https://www.instagram.com/aurora_zea/

https://www.linkedin.com/in/aurora-zea-79704314/

Sobre este libro

La idea de escribir este libro surge como el resultado del proceso de preparación que realicé para definir a qué me iba a dedicar una vez alcanzada mi edad de pensión.

Siempre supe que no quería terminar mi etapa laboral sin cumplir mi misión de regresar a la sociedad lo mucho que me ha dado, lo cual quiero hacer hasta que la vida me lo permita.

He sido muy observadora en este proceso, ya que me ha tocado vivir muy de cerca experiencias de no llegar preparados a esta etapa. Me queda muy claro que no puedo tener control de los años que viviré, mas puedo tomar la responsabilidad de construir la forma en que lo haré.

El libro es una recopilación de los factores que fui considerando; algo que me hubiera gustado, en su momento, tener como guía en mi proceso. Durante la lectura, podrás encontrar en algunas páginas un código QR que, si lo lees, te llevará a algunas entrevistas y temas relacionados que ampliarán la información que presento en forma escrita. Esto es lo que se llama «libro inteligente», ya que permite una interacción más cercana.

Mi conclusión es que la edad no es motivo de retiro; por eso, aquí te dejo mis observaciones para que puedas sacar el mejor provecho de mi experiencia.

No está escrito como vivencia personal. Busca ser una fuente de inspiración y motivación para que no pierdas de vista la importancia de mantener una vida con propósito y productiva.

Aurora Zea

ÍNDICE

Mitos sobre el retiro 19

    Reflexión 23

Cómo lograr el bienestar después de los 60 años 25

    Reflexión 39

Revalorizando la experiencia de los adultos mayores 41

    Reflexión 53

Dejando atrás las creencias limitantes 55

    Reflexión 63

Relaciones interpersonales 65

    Reflexión 75

Descubre tu propósito de vida 77

    Reflexión 87

Felicidad y trascendencia 89

    Reflexión 99

Valorando cada minuto de mi vida 101

    Reflexión 117

Epílogo 119

Mitos sobre el retiro

En la mayoría de los países, la edad de retiro es a los 65 años; aunque ha ido cambiando por motivo de la dificultad de sostener los sistemas de pensiones. Sin embargo, por el momento, no es el tema que se pretende abordar en este capítulo. Lo importante aquí es entender cuál es el origen de la edad del retiro y en qué consistía la preparación para llegar a este momento.

Para esto, tendremos que remontarnos al año 1899 en Alemania, cuando Bismarck creó el concepto de jubilación. Debo comentar que, hasta entonces, lo normal era que las personas trabajaran hasta su muerte.

Hay varios relatos sobre por qué Bismarck creó la jubilación. La que aparece como más mencionada en la historia es que Bismarck buscaba unificar los estados alemanes en un solo país y crear una red de telégrafos y ferrocarril única con fines económicos y bélicos. Por tal motivo, tenía que convencer a los trabajadores del campo para que dejaran sus tierras y trabajaran en los proyectos del propio Bismarck. Para conseguirlo, lo que hizo fue ofrecerles trabajo garantizado de por vida. Esto resultó insostenible, porque con la edad, los trabajadores ya no tenían las capacidades para hacer el trabajo que se les había encomendado y ocasionaban accidentes. Entonces, con el fin de cumplir su promesa de trabajo de por vida, se decidió pagarles sin que trabajaran. Así fue cómo surgió la jubilación. Inicialmente, la edad establecida era a los 70 años. Posteriormente y ya en el siglo XX, se bajó a los 65 años.

Esto sucedió en 1899, hace mucho más de 100 años, cuando la esperanza de vida era de 45 años. En otros países fuera de Alemania, era incluso menor. La promesa de Bismarck, por lo tanto, era muy fácil de cumplir, ya que casi nadie en esa época llegaba a la edad de 65.

De 1899 a la actualidad ha habido grandes cambios tanto en las leyes laborales como en los avances tecnológicos y los estilos de vida. En el año 2021, en México, la esperanza de vida alcanzó los 75 años. Recordemos que la expresión «esperanza de vida» indica solo un promedio; podemos vivir muchos más años. Este dato es muy relevante si pensamos realmente en todas las cosas que podemos lograr.

En el mejor de los casos, tu edad de retiro laboral —si has alcanzado tu pensión por jubilación y has trabajado más de 2,000 semanas, es decir, 40 años de tu vida— claro que es un gran logro y mereces hacer algo para celebrarlo: tomarte un tiempo para descansar, vacacionar, emprender el viaje que siempre has querido hacer, disfrutar de tu familia, tu pareja, tus nietos, tus amistades… Todas esas cosas que has querido realizar toda tu vida y que tus jornadas laborales te lo han impedido. Lo que muchos llaman: «ser libres».

Sin duda, estas actividades te harán sentir muy bien por un tiempo; aun así, estudios científicos muestran que, después de unos meses, las personas que están acostumbradas a un determinado grado de actividad, de responsabilidad e incluso de mando empiezan a querer llevar estas prácticas a sus hogares. Requieren seguir mandando, supervisando, haciendo; pero, ahora, buscarán hacerlo en casa. Esto ocasiona que su pareja o la persona en cuyo trabajo se están metiendo empiece a sentirse incómoda, y así es como surgen algunas fricciones dentro de la pareja o de algún otro miembro de la familia. Incluso se han documentado muchos grados de depresión y algunas otras enfermedades. Las visitas al doctor, al psicólogo y diferentes especialistas de la salud empiezan a ser las citas que agendan las personas mayores que han optado por la jubilación.

Reflexión

¿Qué se pensaba en 1900 cuando se hablaba de un sexagenario?

¿Qué se piensa hoy en día?

¿Por qué relaciono a la libertad con el retiro?

Cómo lograr el bienestar después de los 60 años

Te recuerdo que en este libro mencionamos los 60 años como una referencia del inicio de lo que hasta ahora la sociedad ha llamado tercera edad, mas no es limitante. Finalmente, en la actualidad, nos llaman adultos mayores a cualquier persona que se encuentre en el rango de los 60 hasta más de 100 años, lo que lo convierte en la etapa más larga de nuestra vida.

Dentro de lo que conocemos como «bienestar» nos enfocaremos en los siguientes aspectos:

1. Físico
2. Emocional
3. Espiritual

En todos los casos, lo que hayamos hecho por llegar a esta edad y las condiciones en que estemos llegando es algo que ya sucedió. Y, como lo ya sucedido no lo podemos cambiar, no nos enfocaremos en temas del pasado. Seguramente, lo pudimos haber hecho mejor si hubiéramos tenido los conocimientos y experiencia que tenemos ahora… Pero olvidemos de culpas y asumamos responsabilidades. Nos estaremos enfocando en lo que podemos hacer desde este momento y hacia delante.

En cuanto a la salud física, empezaremos hablando de la importancia de la alimentación. Recuerda: somos lo que comemos. No se necesita ser nutriólogo para saber qué es lo que es bueno para nuestro organismo.

La ingesta balanceada de frutas, verduras, granos y proteína será clave. En cuanto a la proteína, no entraremos en la polémica de si debe de ser proteína animal o no. Pero si tomamos como ejemplo la longevidad de los japoneses, sabemos que su ingesta de proteína animal es muy reducida, por lo que podemos llegar fácilmente a conclusiones. Los azúcares, las sales y las grasas se vuelven cada vez más poderosos enemigos. ¡No se diga los alimentos procesados! Por otro lado, no olvidemos el consumo de agua; mantenernos hidratados permitirá un mejor rendimiento y función cerebral.

Los especialistas mencionan que, con la edad, el cuerpo pierde la capacidad de detectar la sed, por lo que no debemos esperar a tener sed para beber algo. Se recomienda beber entre 2 y 2,5 litros de agua por día. Siempre será mejor beber agua, aunque se puede complementar con agua de frutas u otros líquidos, cuidando el contenido de azúcar u otro tipo de edulcorantes. Las bebidas alcohólicas, aunque quitan la sed momentáneamente, causan deshidratación, por lo que no son recomendables.

Síntomas de deshidratación en adultos mayores:

- *Dolores de cabeza y migrañas.*
- *Infección del tracto urinario.*
- *Presión arterial baja.*
- *Confusión similar a la demencia.*
- *Convulsiones.*
- *Aumento de la frecuencia cardíaca.*

Las personas entre 60 a 80 años tienen un 10 % menos de agua sobre el total del peso corporal en comparación con una persona de 30 años, por lo que se vuelve más importante estar pendientes de una hidratación adecuada.

Los hábitos son fundamentales. Si hemos llegado a esta edad con malos hábitos alimenticios, es momento de cambiarlos. Uno de los dichos que nos limita a tener una mejor vida es: *Chango viejo no aprende maroma nueva*. Siempre es momento para realizar los cambios que favorezcan nuestra calidad de vida. Para cambiar un hábito, se sugiere enfocarse no en los resultados ni en los procesos, sino en la identidad. Es decir, si tenemos que cambiar algo en nuestra alimentación, no diremos: «Voy a consumir menos carbohidratos» o «Debemos seguir tal dieta». El enfoque deberá ser: «Soy el tipo de persona con una alimentación saludable», por lo que cualquier cosa que nos acerque a ser este tipo de persona es correcto y cualquier cosa que nos aleje deberemos evitarla, convirtiéndolo en un estilo de vida y reforzando así nuestra identidad.

Dentro de la salud física, el ejercicio o actividad física también es clave. Si has sido una persona que se ha ejercitado durante toda su vida, ya lo traes como parte de tu identidad y solo tendrás que hacer ligeras modificaciones acordes con la edad. Pero si no es así, también es momento de hacer un plan de acción para adquirir hábitos constructivos.

Son muy recomendables las caminatas. Caminar es una de las actividades aeróbicas más populares y accesibles para todos, incluso para las personas que han sido sedentarias. Los beneficios de la caminata son muchos, empezando por su sencillez y bajo nivel de peligro sin importar la edad. Además, disminuye la presión arterial, aumenta la capacidad para captar oxígeno, disminuye las reservas de grasa del organismo, aumenta la resistencia y desarrolla un corazón más eficiente, previniendo enfermedades coronarias.

Los ejercicios en la alberca, ya sea natación —que es uno de los ejercicios más completos, porque pone en movimiento todos los músculos del cuerpo— o cualquier actividad dentro del agua son muy adecuados. Los conocidos como «acuaeróbics» u otros por el estilo son ejercicios sin impacto, pues el agua amortigua cualquier movimiento brusco que pudiera causar algún daño. Los beneficios específicos son: tonifican la masa muscular, aumentan la flexibilidad y alivian dolores e inflamaciones en las articulaciones. Son recomendados para tratar y aliviar dolores cervicales, de espalda, ligamentos y articulaciones, ayudan a regular la respiración, fortalecen el corazón, regulan la presión arterial, reducen el riesgo cardíaco y ayudan a que el adulto mayor esté en forma y recupere su agilidad.

Muy recomendable también es el yoga, ya que es una disciplina que armoniza el cuerpo, la mente y el alma a través de posturas. Solemos pensar que las posturas son difíciles, pero un buen entrenador logra adaptar las posturas a la fuerza y movilidad de acuerdo con la edad y condiciones de quien lo practica. Con el tiempo y sin forzar, el cuerpo se irá moldeando a nuevos movimientos y posturas. Dentro de sus beneficios, si se practica con regularidad, permite que el cuerpo se mantenga fuerte, flexible y en equilibrio.

Otra actividad física que generalmente no se considera como ejercicio es el baile. El baile combina los beneficios del ejercicio aeróbico con los del ejercicio de soporte de peso. También tiene grandes aportes a la salud mental, no solo física; por mencionar algunos: músculos y huesos más fuertes, mejor equilibrio y coordinación, menor riesgo de demencia, mejor memoria, menos estrés, más energía y mejor estado de ánimo. Todo esto, dado que requiere un grado de actividad mental para llevar el ritmo. Además, aunado a la coordinación y al movimiento físico necesario, la música te pone en un estado de felicidad.

Qué ejercicio practicar, dependerá mucho de tus gustos. La recomendación es encontrar qué es lo que te motiva a mantenerte ejercitado para tener tu cuerpo en actividad, que lo hagas regularmente y, si es necesario, con supervisión.

Una persona con buena salud física es más autónoma e independiente en su día a día, brinda una actitud más positiva ante la vida y evitará muchas enfermedades.

Al igual que nuestro automóvil necesita combustible y mantenimiento, nuestro cuerpo también requiere de nuestro cuidado. Si bien los buenos hábitos nos alejarán de las enfermedades, los chequeos médicos son muy recomendables, ya que la detección de enfermedades de manera oportuna siempre dará mayores oportunidades de tratamientos con buenas expectativas.

El bienestar emocional es un tema que fue ignorado por mucho tiempo, ya que era considerado solo cuando llegaba a presentarse un problema mental. Si bien la mayoría de las personas mayores tienen una buena salud mental, la inactividad, la soledad, el consumo de alcohol y otras sustancias pueden ir afectando la misma si no se tiene un manejo adecuado de las emociones. Este riesgo se presenta a cualquier edad, pero se va incrementando a medida que pasan los años.

Bienestar emocional es el estado de ánimo que nos permite sentirnos bien, tranquilos. Nuestras emociones están en control y somos capaces de hacer frente a las presiones que surgen en nuestro día a día. Al mismo tiempo, implica lograr un balance en todos los aspectos de nuestra vida: física, mental, emocional y espiritual.

En ocasiones, pensamos que una vida feliz es una vida sin problemas. Este es un pensamiento utópico; en realidad, lo que se requiere es poder afrontar los problemas cotidianos, lo cual incluye la serenidad para tomar decisiones, lidiar y adaptarnos a situaciones difíciles y reconocer nuestras necesidades y deseos.

Es fundamental reconocer e identificar nuestros sentimientos y emociones. Es normal sentirse triste, preocupado, temeroso o inquieto… Pero hay que superarlo y no permitir que estos estados alteren nuestro día. Peor aún, cuando se prolongan por más tiempo, pueden llegar a convertirse en enfermedades mentales.

La demencia y la depresión son los trastornos mentales más comunes en los adultos mayores. Según cifras de la Organización Mundial de la Salud (OMS), más de un 20 % de las personas que pasan de los 60 años de edad sufren algún trastorno mental o neuronal. Es precisamente con el fin de ir disminuyendo estas cifras que estamos abordando la importancia de mantenernos activos y motivados.

En esta edad, también se presentan con frecuencia problemas por abuso de sustancias psicotrópicas que no son tomadas en cuenta o son mal dosificadas debido a los trastornos de ansiedad que se manifiestan en los adultos en relación con varias causales: cuando se empiezan a enfrentar a la dependencia, transitar la muerte de un ser querido, problemas al dormir, un descenso del nivel socioeconómico como resultado de la jubilación o alguna discapacidad.

Toda esta información la presentamos para crear conciencia, aunque seguramente ya nos ha tocado ver a nuestros padres o algún otro familiar enfrentarse a estos problemas.

Existe una correlación entre la salud mental y la física. Por ejemplo, quienes padecen enfermedades cardíacas suelen presentar también tasas más elevadas de depresión en comparación con quienes no padecen problemas médicos.

El mantener la mente ocupada y con retos intelectuales retarda los problemas de memoria y la capacidad de pensar, los trastornos del comportamiento e incapacidad para realizar las actividades de la vida diaria. Hasta ahora, se ha recomendado mucho el tener pasatiempos tales como armar rompecabezas o hacer *sudokus* y crucigramas, entre otras actividades. Pero si a esto le agregamos un reto laboral, los resultados mejoran mucho.

Estas enfermedades mentales tan relacionadas con la edad se pueden evitar si mantenemos una vida consciente y nos vamos adaptando a las limitaciones a las que nos iremos enfrentando en forma paulatina. Se requiere mucha madurez para ir reconociendo estos cambios en nuestra vida, pero es precisamente el objetivo de este libro el crear la conciencia para no tener que reconocer de golpe, un día, que los años ya se nos vinieron encima.

El trabajo y el bienestar después de los 60

La OMS ha trabajado en programas en pro del envejecimiento activo y sano. Este organismo ha creado lineamientos para los países; sin embargo, se requiere de un cambio de cultura en donde nosotros, los adultos mayores, juguemos un papel protagonista. No esperemos que sean las autoridades quienes se preocupen por nuestro bienestar… ¡Seamos nosotros los que tomemos las riendas de nuestro futuro!

Continuando con el tema del bienestar, es totalmente oportuno mencionar los beneficios que puede traer la práctica del *mindfulness* a nuestra calidad de vida y a un mejor envejecimiento.

Mindfulness (aún es muy frecuente escuchar este término en idioma inglés, aunque en algunas ocasiones se conoce también como «Atención Plena», traducción que, al momento, parece ser la más aceptada) es tener la constante de conciencia y no resistencia en el momento presente. Es decir, la capacidad de estar completamente presente en el aquí y el ahora, consciente de dónde estamos y lo que estamos haciendo, sin sentirnos perturbados por lo que sucede a nuestro alrededor y sin emitir juicios, permitiéndonos mantener una relación más sabia y consciente con nuestro entorno. Esto nos permite controlar nuestras reacciones emocionales y nuestros miedos.

Otro de los beneficios de la práctica de *mindfulness* es que ayuda a fortalecer el cerebro y las interconexiones celulares. La meditación es una de las herramientas más comunes en *mindfulness* y, contrario a una creencia muy común, no se trata de poner la mente en blanco. Es, simplemente, no dejar que un pensamiento atrape tu mente. Otro desafío al que se ha tenido que enfrentar *mindfulness* es la resistencia de algunas religiones, ya que, por su origen en el budismo, sigue relacionándose con esta creencia.

Hablando del bienestar o conexión espiritual, empezaremos por decir qué entendemos por espiritualidad: es lo referente a la vida interior; cómo cada uno de nosotros entiende interiormente el mundo y el universo. No tiene que ver con la religión. Cada vez es más común encontrarnos con personas espirituales, pero no religiosas. Si bien no se tiene que pertenecer a una iglesia o practicar un culto, sigue habiendo, sin embargo, muchas personas que canalizan su espiritualidad a través de la religión.

La espiritualidad nos lleva a querer saber: ¿cuál es el propósito y el significado de la vida? ¿Por qué estamos aquí? ¿Qué conexión tenemos con la naturaleza? ¿Cuál será nuestro futuro como humanidad? ¿Cuáles son nuestras creencias?

La conexión espiritual nos permite mejorar nuestra relación con los demás y con el mundo, a la vez que nos ayuda a sobrellevar los problemas que la vida nos presenta. Por lo tanto, considerar la espiritualidad como parte de nuestro plan para una vida saludable aportará muchos beneficios.

Hay diferentes prácticas que pueden formar parte de este bienestar, entre ellas: la meditación; el compartir con la naturaleza; darse espacios de silencio; una conexión con una fuente superior como es Dios, el universo o el amor; la fe; la conexión con seres vivos y cualquier otra práctica que conecte con el significado y propósito de nuestra vida.

Reflexión

¿Hasta qué punto consideras que tu bienestar está en tus manos?

Si no has trabajado mucho en tu bienestar hasta el día de hoy, ¿estás dispuesto a hacerlo?

¿Alcanzas a ver los beneficios a largo plazo?

¿Qué lugar ocupa la espiritualidad en tu vida?

Revalorizando la experiencia de los adultos mayores

En años muy recientes, se ha iniciado un movimiento para revalorizar la experiencia de los adultos mayores. Aunque el edadismo sigo siendo una de las discriminaciones de las que menos se habla, los movimientos sociales no son tan fuertes como en otro tipo de marginaciones. Quizá se deba a la prudencia que nosotros mismos hemos adquirido, así como que sentimos que no tenemos que demostrar nada a nadie. Sin embargo, es muy probable que próximamente sea ya más común que los mayores de 60 alcemos la voz pidiendo igualdad.

En el proceso de investigación sobre cómo mantenernos productivos y no tomar la opción del retiro, el concepto de edadismo fue muy mencionado. Esto se debe a que, por primera vez en la historia, están conviviendo laboralmente varias generaciones con características muy diferentes, por lo que el edadismo no solo es de jóvenes a viejos, sino también de viejos a jóvenes.

Hablando de las diferentes generaciones, recientemente ha surgido el término «generación U», del cual se presentarán algunas ideas generales al respecto.

Antes, vamos a recordar qué se considera una generación:

Una generación es un grupo de personas de edades cercanas que tienen rasgos sociales y culturales específicos, las cuales se identifican de forma sucesiva en el tiempo.

Muchas son aquellas de las que hemos oído hablar: desde los baby boomers, nacidos entre mediados de los 40 y mediados de los 60; la generación X, nacida entre finales de los 60 y los 80; los *milenials* o generación Y, nacidos entre principios de los 80 y mediados de los 90 hasta la generación Z, formada por los que vinieron al mundo entre finales de los 90 y 2010. Hay diferentes modos de clasificarlos, pero este es uno de los más comunes.

Actualmente, la generación U es, en realidad, una parte de los *baby boomers* compuesta por quienes —me incluyo— no hemos dejado de trabajar, aunque ya estemos en edad de jubilación. Es decir que esta generación, hoy compuesta por *baby boomers*, en unos años estará compuesta por generación X y, así, irá evolucionando.

La generación *baby boom* es aquella que nació con posterioridad a la Segunda Guerra Mundial, entre 1946 y 1965. Países como Estados Unidos, Canadá o Australia vieron subir enormemente sus tasas de natalidad, lo que fue considerado un auténtico *boom*. En función de su país de residencia, vivieron distintas realidades sociales.

Por ejemplo, los *baby boomers* nacidos en América Latina sufrieron revoluciones y grandes cambios socioeconómicos, motivo que los llevó a valorar mucho la estabilidad. La familia se convirtió en su principal motivador, se enfocaron en buscar la eficiencia en el trabajo y fueron los principales promotores de la productividad. En esta generación también fue cuando las mujeres empiezan a sumarse a la fuerza laboral.

Generación U viene del término inglés *unretired* (no jubilados, en activo). Los motivos que mueven a esta generación a seguir trabajando son diferentes. Por un lado, están quienes por voluntad propia desean permanecer en activo y que, por lo general, son profesionales que disfrutan enormemente de su trabajo. A algunos los podemos encontrar desempeñando tareas como empleados en empresas privadas, otros trabajan como autónomos en la misma profesión en que se desempeñaron anteriormente. Por otro lado, recientemente, está creciendo el grupo de personas que deciden emprender después de una larga carrera en empresas. Sus emprendimientos no necesariamente están enfocados a lo que fue su profesión por muchos años, sino más bien hacia un propósito superior al económico. Lo hacen aprovechando su energía y experiencia para lograr ese sueño que postergaron o, tal vez, una idea que quizá propusieron en su empresa empleadora y que no fue escuchada. Muchos, también, en negocios en la *silver economy*; esto debido a que ya están viviendo esta etapa.

En todos los casos, se requiere un cambio de cultura. Por ejemplo, si son empresas privadas en donde trabajan, las áreas de recursos humanos tienen que ser más flexibles para contratarlos. Si trabajan como independientes, serán sus clientes quienes deberán presentar esta apertura. Si son emprendedores, los cambios deberán venir de los inversionistas o instituciones financieras.

Se denomina *silver economy* o «economía plateada» a todas las actividades económicas, productos y servicios dirigidos a satisfacer las necesidades de las personas mayores de 50 años. Se trata de un concepto derivado del llamado *silver market,* surgido en los años setenta en Japón (que, como ya hemos mencionado, es el país que tiene más personas mayores). Incluye sectores tan diversos como la salud, la banca, la automoción, la energía, la vivienda, las telecomunicaciones, el ocio y el turismo, por mencionar algunos.

Por otro lado, existe un grupo de aquellos *unretired* que no se jubilan por motivos económicos. Personas que se han encontrado con el hecho de que su pensión no es suficiente para mantener sus condiciones de vida, motivo que les puede causar una frustración; esto, aunado a que sus hijos ya no están en condiciones de apoyarlos económicamente como sucedía en generaciones pasadas.

Ahora, al hablar de inclusión se debe considerar también a los adultos mayores de 60 años. Las empresas ya se han dado cuenta de que las nuevas condiciones de vida y sanitarias hacen que, con 70 años, una persona no solo puede trabajar, sino que lo puede hacer de una manera eficiente.

Claro, generalizar nunca es bueno, ya que no solo dependerá de la salud del adulto, sino también de su motivación y de que esté dispuesto a adaptarse al cambio que están experimentando las empresas y las formas de trabajo.

Esta es la invitación que se hace en este libro. Existen empresas que realmente están interesadas en aprovechar toda la experiencia y lealtad de sus empleados mayores, ya sea que hayan trabajado muchos años en la compañía, o bien que sean recién contratados. Algunos *unretired* buscan tener horarios reducidos o flexibles que se adapten a su situación personal. Aquí es en donde las empresas deberán hacer los ajustes necesarios, mismos que se han favorecido mucho después de la pandemia de COVID-19, en la que el mundo cambió totalmente y se derrumbaron algunos paradigmas de querer tener al personal tiempo completo en sitio.

Por lo tanto, si has llegado a tu edad de jubilación y eres de estas personas que quieren seguir trabajando, es momento de poner tu experiencia en acción. La intención de estas reflexiones es empoderarte y que sepas que no eres solo tú quien está pensando eso, es toda una corriente de sexagenarios que ahora están tomando el nombre de «sexalescentes» quienes, llenos de vigor, se enfrentan a la vida, en lugar de estar pensando en la muerte. Ellos se resisten a vivir de glorias pasadas y siguen construyendo su vida día a día.

Claro que debemos ser conscientes de los cambios físicos que nuestro cuerpo está experimentando... Pero no con temor o vergüenza, sino con responsabilidad. No verlos como limitaciones, sino como retos que nos conduzcan a utilizar las otras cualidades que tenemos.

Debido a los cambios que se están presentando a nivel humanidad en las áreas del conocimiento y de la personalidad, las personas mayores de 60 años estamos entrando a un estilo nuevo de ser mayores. No solo tenemos sueños, sino que estamos trabajando para alcanzarlos, como explicaremos más adelante cuando hablemos del propósito de vida.

Dentro de nuestros objetivos, buscamos independencia y libertad; ser capaces de tomar nuestras decisiones para no convertirnos en hijos de nuestros hijos y que, cuando llegue el momento en que requiramos algún tipo de asistencia, podamos tomar la decisión nosotros mismos.

La familia es un factor muy importante. Claro que la queremos cerca, pero no deseamos ser una carga para ellos. Queremos que nos vean con gusto y que disfrutemos juntos los momentos que podamos. Sin embargo, ya no esperamos que ellos se hagan cargo de nosotros, como seguramente nosotros sí lo hicimos con nuestros padres. Además, si tomamos en cuenta que las generaciones que actualmente tenemos 60 años tenemos menos hijos que los que tuvieron nuestros padres y que este efecto será aún más marcado en las próximas generaciones, el apoyo que podamos llegar a recibir de nuestros hijos será menor. Recordemos que en generaciones pasadas se tenían más hijos precisamente para que hubiera más descendencia que pudiera ver por los padres; hasta se nombraba a uno de los hijos para que se quedara al cuidado de ellos.

Otro cambio importante en nuestra forma de pensar es que no solo estamos centrados en nosotros. También estamos activos en la sociedad, llenos de motivación. Hemos encontrado el valor del servicio, ser útiles. Los retos que nos ponemos son muy diversos: desde aprender a tocar un instrumento musical, estudiar una carrera, aprender idiomas. Ya no somos personas aisladas; convivimos con la familia y amigos, somos usuarios de las redes sociales, estamos ávidos de aprender cosas nuevas. Continuamente sumamos proyectos a nuestras vidas, nos negamos a vivir de glorias pasadas, cada día le perdemos más el miedo a la tecnología. Somos nosotros quienes tomamos la responsabilidad de nuestra salud tanto física como mental. Quienes no tienen pareja ya están abiertos a nuevas posibilidades. Incluso consideran enamorarse de nuevo, asisten a reuniones sociales o usan aplicaciones para buscar pareja.

Ante todo, buscamos TENER UNA VIDA CON PROPÓSITO; ser útiles, sentirnos productivos y, por qué no, alcanzar esos sueños que no logramos en la juventud.

Así es como estamos revalorizando nuestra experiencia y juventud acumulada. Quienes lo estamos logrando no podemos quedarnos ahí, queremos transmitirlo a todas las generaciones e ir eliminando el miedo al envejecimiento.

Hemos aprendido que de nada sirve tener experiencia de más de 40 años en una labor. De nada sirve vivir platicando del pasado. Esas conversaciones con amigos de nuestra generación en donde ya no hacemos más que hablar de nuestros éxitos del pasado ya no tienen sentido. Hemos aprendido que esa experiencia hay que ponerla en acción y a disposición de las nuevas generaciones.

Muchas veces, decimos que las nuevas generaciones no están dispuestas a escuchar a las personas mayores. Pero esto se debe a que no hemos tenido la humildad de acercarnos a los jóvenes con el interés tanto de compartir experiencia como de aprender de ellos todo lo que tienen por enseñarnos.

Nos tocó vivir una época en que el respeto de los esquemas autoritarios era importantísimo. Una época en donde, solo por ser mayores, otros nos tenían que respetar. Hay que reconocer que ese tipo de respeto ya no es el que funciona en

El trabajo y el bienestar después de los 60

la actualidad, pero que sí merecemos respeto y debemos ganárnoslo no solamente por nuestras canas y arrugas. Para lograrlo, nosotros también debemos respetar a los jóvenes.

Reflexión

¿Cuál es tu actitud frente al envejecimiento?

¿Cuál es tu contribución a la revalorización de la experiencia de las personas mayores?

¿Estás trabajando en nuevos proyectos en tu vida?

Dejando atrás las creencias limitantes

Antes de abordar las creencias limitantes, hablemos un poco sobre qué son las creencias:

Las creencias son, básicamente, juicios y evaluaciones sobre nosotros mismos, sobre los demás y sobre el mundo que nos rodea. Son ideas memorizadas sobre cómo es el mundo y cómo deberíamos actuar, esquemas de conocimiento y sistemas de relaciones entre conceptos que figuran en nuestra memoria.

Muchas de estas creencias fueron implantadas en nuestro inconsciente desde que éramos muy pequeños; otras, se han ido sumando en el transcurso de la vida y nos hacen actuar de alguna manera sin que nosotros nos demos cuenta. Son esas cosas que vemos como verdades y ya no nos cuestionamos.

Así como tenemos creencias que actúan como recursos positivos y son las que nos impulsan a lograr nuestros objetivos, existen otras que nos limitan. Estas últimas tienen su origen en la negatividad y el miedo. Al no ser conscientes de ellas, el primer reto es aprender a identificarlas y lograr superarlas.

Una creencia limitante, al ser algo que se manifiesta en nuestro estado de ánimo o algo que creemos de nosotros mismos, de algún modo, nos condiciona. Por ejemplo, si tienes la creencia limitante de que no eres bueno para bailar, es muy probable que evites bailar y te niegues la oportunidad de disfrutar bailando en una fiesta; incluso puede que te impida socializar o te cause problemas con tu pareja. Y todo se debe a esa idea preconcebida que está limitando tu potencial, quizá sin nunca darte la oportunidad.

Las ideas limitantes nos acompañan toda la vida. Sabemos que, con la edad, nos hacemos más inflexibles y nos resulta más difícil aceptar un cambio. Es por esto que, a lo largo del libro, hemos hablado de la importancia de hacernos conscientes y tener apertura, cosa que solo se logra si se trabaja continuamente.

Para lograr este cambio, es importante no solo trabajar en nuestro autoconocimiento y autoestima, sino también reconocer cualquier sesgo inconsciente. Aquí nos enfocaremos específicamente en las creencias que nos limitan cuando somos mayores de 60; sobre todo, las relacionadas con la edad.

¿Cuántas veces ha pasado por tu mente el que es imposible que una empresa te contrate por tu edad, sin ni siquiera haber solicitado el empleo? ¿O has pensado que ya estás muy grande para iniciar un nuevo oficio, que nadie te dará un financiamiento o que tus hijos se opondrán a que sigas trabajando por temor a que algo malo te suceda? No es que realmente sea todo eso lo que tú piensas… Es algo que traes ya programado en tu mente porque la sociedad lo repite continuamente. La idea, pues, es desafiar los límites a través del pensamiento positivo y empoderarte para así lograr todo tu potencial.

Recordemos que las creencias limitantes son ideas autodestructivas que te impiden continuar tu crecimiento, lo cual lleva a que nuestra mente quiera protegernos del dolor, de los fracasos.

Citamos algunos ejemplos para que puedas ver si te identificas con alguno(s):

- *No soy lo suficientemente bueno como para iniciar este proyecto.*

- *Soy demasiado viejo como para que me contraten.*

- *Ya he trabajado muchos años, es tiempo de descansar.*

- *A esta edad ya me canso, nadie va a querer trabajar con una persona que se cansa.*

- *Nadie valora mi experiencia y van a querer que aprenda cosas nuevas.*

- *No conozco las nuevas tecnologías y es muy difícil aprender.*

- *Los jóvenes me rechazan y no puedo ganarme su confianza.*

- *Antes, las cosas eran mejores. Yo no me puedo adaptar a lo moderno.*

- *Recuerdo cuando nada se me dificultaba y tenía el valor de hacer cosas nuevas.*

- *Nunca aceptarán un líder de mi edad. Mejor digo que no me interesa.*

Estos tipos de creencias tienen su origen en el miedo o experiencias pasadas; todos las tenemos o las hemos tenido. El reto es aprender a identificar y superar estas creencias limitantes o las que nos estén impidiendo pensar que podemos ser productivos en los años que están por venir. Identifica si no es solo un mecanismo de protección y, si lo detectas, usa ese conocimiento para reprogramar lo que piensas.

Es de gran utilidad conocer el origen de tus creencias limitantes para así poder dominarlas. Este proceso puede requerir mucho tiempo y práctica.

Tan importantes son las creencias limitantes que, en años recientes, surgió el término «síndrome del impostor», considerado un fenómeno psicológico en el que la persona cree y se llena de pensamientos en los cuales no se considera suficientemente apto en lo que es su especialidad. No obstante, las evidencias indican lo contrario.

Sentirte como un impostor cuando realmente no lo eres se debe precisamente a esas creencias limitantes. Aunque es algo real y que afecta a la persona que lo padece, es posible que ni siquiera sea consciente de que le está pasando.

Dentro del síndrome del impostor se habla de cinco categorías, las cuales mencionamos con el fin de que trates de encontrar si te identificas con alguna(s). La clasificación está en función de malos hábitos o patrones que nos bloquean a la hora de desarrollar todo nuestro potencial. Es posible que las hayas presentado desde hace tiempo, cuando te desempeñabas en tu trabajo, o bien que surjan cuando estás planeando definir tu próxima actividad, después de haber dejado tu trabajo de toda la vida.

1. Perfeccionista

Personas que no se permiten errores, quieren siempre controlar, se fijan metas muy altas. Si no logran cumplir con los objetivos planteados, experimentan grandes dudas sobre sí mismas. Sienten que todo lo tienen que hacer ellos, no se permiten delegar.

2. Experto

Sienten que, de alguna manera, engañaron a las personas que los contrataron. Tienen miedo de que en algún momento los descubran, les aterra que los demás digan que son expertos.

3. superhéroe

Se presionan a ellos mismos para trabajar muy duro y estar a la altura (definida por ellos); lo hacen para tapar sus inseguridades. Se sobrecargan de trabajo, lo cual, por lo general, les produce estrés y otros problemas de salud.

4. Individualista

Son personas que no piden ayuda porque creen que al hacerlo estarían demostrando sus debilidades.

5. Genio natural

Son personas que juzgan el éxito en función de sus capacidades y no de sus esfuerzos. Piensan que si tienen que trabajar mucho es porque no son buenos en ese trabajo. Creen que tienen que hacerlo todo bien y a la primera; no lograrlo les produce estrés.

Como podrás haber detectado, el síndrome del impostor no es raro y tiene todo que ver con las creencias limitantes.

Ahora, te presentamos 4 recomendaciones que se pueden seguir para superar tus creencias limitantes:

1. IDENTIFICA Y ESCRIBE TUS CREENCIAS

El primer paso es identificarlas, pues solemos mantenerlas a nivel pensamiento y pocas veces las expresamos verbalmente. Escribirlas puede servir para reconocer la realidad de la fantasía y darte cuenta de que pueden ser no ciertas o no importantes.

2. EVALÚA SU VERACIDAD

Evalúa si la creencia es autolimitante y si hay evidencia concreta que la respalde. Pregúntate si ese pensamiento tiene su origen en el miedo a lo desconocido o si es que surgió de una experiencia pasada.

3. UTILIZA AFIRMACIONES POSITIVAS

Una de las mejores maneras de combatir las creencias limitantes es con afirmaciones positivas. Las afirmaciones son oraciones que te repites para desarrollar tu autoconfianza. Utiliza las afirmaciones positivas para transformar tus creencias autolimitantes en autoconfianza positiva. Por ejemplo, si te repites todo el tiempo que no puedes algo por tu edad, reformula esa creencia reforzando la idea de que sí puedes. Así, puedes combatir los pensamientos negativos transformándolos en positivos. Usando uno de los ejemplos que mencionamos antes, podrías cambiar «Nadie valora mi experiencia y van a querer que aprenda cosas nuevas» por «Mi experiencia es muy valorada y puede ser de mucha utilidad en cualquier empresa».

4. No te des por vencido

Perseverar y no permitir que las creencias limitantes logren su objetivo es muy importante. Enfócate en lo positivo. Cuando cambias de perspectiva, tu vida también cambia. Reconoce que todo está en ti.

Reflexión

¿Estoy dejando de hacer algo que quiero, porque pienso que no puedo?

¿Eso que creo que no puedo es real o es una creencia limitante?

¿Estoy dispuesto a trabajar en mis creencias limitantes para lograr mis sueños?

Relaciones interpersonales

El ser humano es sociable por naturaleza. Disfruta de convivir con otras personas, realizar actividades en compañía… Sin embargo, los adultos mayores, con la edad, van presentando una apatía por las relaciones interpersonales, por lo que es muy importante estar conscientes de esto y evitarlo antes de que se presente.

Existen factores que propician este problema; entre ellos, separación familiar, el no encontrar un lugar dentro de la sociedad y, ante todo, la inactividad.

Un comportamiento muy común dentro de nuestra sociedad es relacionarnos con personas de nuestra edad, tanto a nivel laboral, social e incluso familiar, sin darnos cuenta de que, al hacer esto, estamos limitando nuestro campo de relacionamiento.

Dice un dicho: *Dime con quién andas y te diré quién eres*. El mencionarlo no lleva la intención de referirse a malas compañías; al contrario, busca crear la reflexión de qué tanto están contribuyendo nuestras relaciones al tipo de persona que queremos ser. Por ejemplo, si nos relacionamos solo con personas de nuestra edad, estamos limitando nuestro conocimiento sobre la manera de pensar en la actualidad. También tenderemos a hablar del pasado; esto, de manera inconsciente. Al final de cuentas, es lo que nos une... O bien hablaremos de enfermedades propias de la edad; recordemos que con la edad nos volvemos más achacosos, de manera que si solo convivimos con personas de nuestra edad no sería raro que habláramos de achaques. Y, lo que es peor, cuando llega la edad en donde nuestros contemporáneos empiezan a morir, nuestro tema será la muerte, la soledad o todos esos asuntos que nos pueden conducir a un estado de ánimo depresivo.

Como hemos explicado a lo largo del libro, lo que pretendemos fomentar es que los adultos mayores de 60 seamos personas activas. Estamos convencidos de que uno de los factores que aporta para lograrlo es la convivencia intergeneracional.

Así, la intergeneracionalidad puede convertirse en un medio para desarrollar y aprovechar el potencial de todas las personas. Asimismo, es la oportunidad para que unas puedan aprender de las otras, logrando de esa manera fomentar valores como la participación y la solidaridad. Existen varias instituciones a nivel mundial que tienen esta importante causa.

Es muy importante que las instituciones trabajen iniciativas en este sentido. Pero de nada sirve que lo hagan si nosotros no lo hacemos. Nuevamente, en este tema nos corresponde a nosotros ser protagonistas y no solo espectadores. Seamos nosotros quienes participemos activamente en esta práctica… ¡Que empiece por nosotros!

El propio Papa Francisco promueve esta iniciativa en su libro *Compartiendo la sabiduría del tiempo*, escrito para motivar el diálogo intergeneracional y presentado en el Sínodo de Obispos en 2018. Fue, además, el tema de la miniserie *Historias de una generación*. El objetivo de esta fue que los jóvenes hablaran con los viejos. En esta ocasión, son los viejos mayores de 70 años quienes presentan sus historias, mientras que los jóvenes de menos de 30 hicieron las filmaciones. La idea del Papa Francisco es que los jóvenes deben valorar y disfrutar la sabiduría de esas personas mayores. Son cuatro episodios; cada uno aborda uno de estos temas: el amor, los sueños, la lucha y el trabajo.

La diversidad de los entrevistados abarca desde lugares de origen y estilos de vida hasta ocupaciones y género. Algunos son famosos, los menos; otros, son personas desconocidas. Pero todos con historias que inspiran. Brevemente, comentamos los temas:

- **El amor**

El amor, que es el principal motor del mundo, crea esas conexiones que determinan nuestra vida y nos mueve a hacer actos heroicos por un ser querido, por desconocidos, por animales y, sobre todo, por nosotros mismos.

- **Los sueños**

Sobre los sueños, dice el Papa: «Todos necesitamos soñar. Consciente o inconscientemente… A alguien que no es capaz de soñar le falta vida».

Con una selección de historias, podemos ver los sueños tan diferentes que mueven a personas mayores de 75 años. Sueños que trascienden a nivel planeta, a nivel interracial, para la familia o, simplemente, un sueño personal.

Otra cita del Papa: «El sembrador, si no tiene esperanza, no siembra. Lo que lo lleva a sembrar es la esperanza de que esta semilla va a dar fruto. Yo no guardo las semillas en el granero, sino que las siembro; no guardo mis habilidades, mis ciencias, sino que lo doy y sigo trabajando, dando y dando». Así son los sueños: hay que trabajarlos para que den sus frutos.

- **LA LUCHA**

En cuanto a la lucha, esta genera destrucción y, a la vez, busca preservar nuestros ideales, cultura, tradiciones.

- **EL TRABAJO**

Para cerrar con broche de oro, se toca el tema del trabajo. Personas mayores de 80 años trabajando para realizar su pasión y para ayudar a otras personas.

Hasta aquí, los comentarios de la miniserie. Ahora bien, también dentro de las personas de nuestra generación encontraremos quienes tienen intereses similares a los nuestros. Por ejemplo, en México existe la Asociación Mexicana de Emprendedores Senior 50+, en la que el nivel de *networking* que se logra es muy favorecedor para mantenerse no solo activo, sino emprendiendo y aprendiendo sobre los temas actuales que son relevantes de conocer.

Sin generalizar, sabemos que dentro de nuestra edad hay personas con estilo de vida muy diferentes. Cuestionarnos qué tipo de persona queremos ser tanto en el presente como en los siguientes años nos ayudará a seleccionar con qué personas nos debemos de relacionar. Obviamente, sin dejar a un lado las amistades que nos han acompañado toda la vida, pero sí valorando su contribución a nuestras vidas.

Se ha comprobado que las relaciones interpersonales de cualquier índole, ya sea de nuestra generación o intergeneracionales, juegan un papel muy importante en nuestra salud tanto en la prevención como en la curación de enfermedades. Saber que contamos con alguien que nos haga compañía y tener presente su disponibilidad contribuye para mantenernos vigorizados y felices.

En muchas ocasiones, nos pasamos buena parte de nuestra vida con el objetivo de crear un patrimonio económico, pero… ¿Qué tanto nos preocupamos por construir un patrimonio afectivo? No podemos esperar que nuestros familiares o amigos vayan a estar cuando los necesitemos si, en el transcurso de la vida, nosotros no construimos esta relación. Como bien se dice: *Cada uno cosecha lo que siembra.*

Si tenemos hijos y están casados, procuremos tener buena relación con sus parejas e hijos. Si no los tenemos, los sobrinos pueden jugar este papel. Quizá compañeros de trabajo más jóvenes que nosotros… Lo importante es tener en cuenta que vamos a necesitar, en algún momento, de ese afecto que no se puede comprar, de ese amor que no nos da por un sueldo una persona que contratamos. Tengamos en cuenta que todo ser humano tiene la necesidad de amar y ser amado desde el primer día de su vida hasta el último.

Crear esas relaciones positivas como una red familiar y de amistades activa: tener a quién hablar por teléfono, enviar un mensaje o hacer una videollamada que nos aproxime con nuestra red, contar con quien nos visite y a la vez podamos visitar.

Las personas que tienen relaciones sólidas con familiares, amigos, colegas u organizaciones como las juntas de vecinos viven más tiempo que los que carecen de ellas.

Recientemente, se empiezan a construir nuevas formas de vivir en comunidad. Por ejemplo, el conocido como *cohousing*, que está formado por un conjunto de individuos que se une para vivir en comunidad en torno a un proyecto de vivienda común y autogestionada. Entre todos diseñan el espacio de acuerdo con las necesidades del colectivo, con hogares independientes y zonas compartidas como la cocina, el comedor o las zonas verdes. Además, comparten servicios esenciales: limpieza, jardinería o lo que consideren necesario. Esto no es una casa de retiro asistida, es un estilo de vivienda que puede ser de gran ayuda para convivir en comunidad y aprovechar las economías de escala.

Se vuelve muy importante el valor de la amistad con esos amigos de toda la vida. Estos no solo son nuestros contemporáneos… Compartimos con ellos, además, algo que es invaluable: una experiencia de vida similar, intereses comunes, recuerdos y, por lo general, también compartimos valores. Esto brinda la oportunidad de tener una convivencia con base en la comprensión, la reciprocidad, el respeto y la tolerancia, logrando así un entorno relacional adecuado, agradable y con el menor número de fricciones.

Las amistades aportan mucho a la identidad, el autoconcepto, la felicidad y, por lo tanto, al bienestar general, la salud y la longevidad. Incluso el sentido de realización, felicidad y éxito. Es importante ampliar nuestro círculo de amistades e incluir a personas de diferentes generaciones, ya que, en el mejor de los casos, sobreviviremos a nuestras amistades contemporáneas.

Si bien hemos hablado de la importancia intergeneracional, en realidad hay que considerar toda la diversidad, ser más flexibles y superar los tabúes que aún existen en nuestra generación. Recordar la apertura que está teniendo la sociedad en los temas de inclusión sobre preferencias de género, raza, religión, nivel económico y otras que puedan existir. Nosotros crecimos con muchos prejuicios, los cuales es conveniente ir eliminando para que nuestras relaciones interpersonales puedan ser inclusivas y respetuosas. Así como nosotros pedimos no ser discriminados por la edad, hay otros grupos que están luchando contra la marginación por sus propios motivos.

Si queremos recibir, tenemos que dar. La posición en la que nos encontramos a nuestra edad es muy propicia para dar si sabemos valorar nuestra experiencia.

Reflexión

¿Procuras relacionarte con tus amistades con frecuencia?

¿Estás consciente de la importancia de mantener relaciones cercanas y sanas con tus familiares, vecinos, amigos y colegas?

¿Buscas ayudar a otras personas?

Descubre tu propósito de vida

Hoy, las nuevas generaciones que estamos llegando a la edad del retiro vemos nuevas perspectivas. Muchos ya saben qué quieren hacer; sin embargo, la gran mayoría tiene identificado lo que no quieren hacer: no quieren ir a sentarse enfrente de un televisor y vivir de sus glorias pasadas.

Es entonces momento de DEFINIR UN NUEVO PROPÓSITO.

¿Por qué me refiero al nuevo propósito? Porque tal vez durante muchos años hicimos lo que nos correspondía o pensamos que nos correspondía: teníamos que trabajar en algo que nos diera un ingreso para mantener a nuestras familias o tuvimos, quizá, que realizar actividades que no fueron del todo elegidas por nosotros; al contrario.

Hoy es momento de encontrar eso que realmente nos apasiona en este momento de la vida, que por algo son llamados «los años dorados». Con toda la experiencia que hemos acumulado, ahora podemos decidir qué queremos hacer estos próximos años después de los 60. Hoy nos merecemos, si no lo hicimos antes, vivir lo que queremos vivir.

Existen varias metodologías que diferentes autores han propuesto para llegar a encontrar el propósito de vida. Aquí presentaremos el Método *Ikigai*, concepto presentado en el libro *Ikigai: los secretos de Japón para una vida larga y feliz*, de Héctor García y Francesc Miralles; posteriormente, en el libro *Método Ikigai*, de los mismos autores.

De acuerdo con la OMS, Japón es el país en donde la gente vive más. El último dato publicado es de 83.7 años. Esto se atribuye a diferentes factores; entre ellos, se incluyen la ALIMENTACIÓN y las GANAS DE VIVIR, que es a lo que nos referiremos por el momento.

Todos conocemos historias en las que las ganas de vivir han llevado a personas a vivir mucho más tiempo de lo que se les pronosticaba, o bien lograr sobreponerse a enfermedades o circunstancias totalmente adversas. Las ganas de vivir son una fuente de energía que únicamente nosotros podemos encontrar. Se produce dentro de nosotros mismos, ya que lo que motive a una persona será diferente de lo que motive a otra. Son, precisamente, dos de los cuatro factores en los que se basa el Método Ikigai:

1. ***En lo que soy bueno*** (totalmente personal).
2. ***Lo que amo*** (totalmente personal).
3. ***Lo que el mundo necesita*** (información del entorno y del momento).
4. ***Por lo que me pueden pagar*** (así es como lo plantea el Método *Ikigai*; sin embargo, la propuesta planteada en este libro es que, si el factor económico ya no es lo que nos mueve, pudiera cambiarse a: *por lo que pueda trascender*).

Estos 4 factores se representan en círculos sobrepuestos, como si fueran pétalos. Las intersecciones entre cada uno de estos nos indicarán nuestra pasión, misión, profesión y vocación. De ahí sale precisamente el *Ikigai*, es decir, el punto en donde convergen los cuatro factores.

Este ejercicio debe hacerse como un trabajo personal, profundo y, sobre todo, consciente. Requerirá de un viaje a tu interior, de un amplio autoconocimiento. Descubrir qué es lo que quieres y, más allá de eso, por qué quieres lo que quieres.

Este trabajo lo puedes realizar solo; sin embargo, la ayuda de un mentor te facilitará mucho el proceso. Puede que parezca sencillo... Pero, por ejemplo, tomemos el primer factor. Cuando le preguntas a alguien: «¿Para qué eres bueno?», existen muchas personas que no pueden definir para qué lo son. Es más, algunos te dicen que no tienen algo para lo que sean especialmente buenos, aunque, en realidad, es que no lo tienen identificado. Caso contrario se presenta en otras personas que tienen muchas cosas en las que son buenos. En ambos casos, se debe mucho a su autoconcepto y autoestima.

Muy importante también es tener la opinión de qué es lo que otras personas dicen que haces bien. Incluso se lo puedes preguntar a algunas personas que te conozcan bien... ¡Puedes sorprenderte de los talentos que los otros ven en ti! También hay cosas que a nosotros nos resultan muy fáciles de hacer, mientras que a otros se les complica. Haz una lista tanto de lo que tú identificas como de lo que las otras personas te aportaron.

Este fue el primer paso: saber para qué soy bueno. Ya que sabes esto, vamos a hacer la lista de cuáles son las cosas que te atraen, que te apasionan. Qué sueños tenías de niño, qué te hace que pierdas la noción del tiempo, qué eres capaz de hacer aun sin que te paguen. En este paso, también puedes recurrir a esas personas que te ayudaron en la pregunta anterior. Pregúntales cuáles son las cosas que, cuando las haces, ellos observan que te brillan los ojos o esbozas una sonrisa. Sus opiniones te serán muy valiosas.

Con referencia al tercer factor, hay muchas cosas que, sin duda, el mundo necesita, pero ¿con cuáles te sientes identificado? ¿Cuáles son tus grandes causas? ¿Con qué sientes que puedes contribuir? Recuerda enlistar todas las que se te vengan a la mente.

Hasta aquí, ya tenemos tres círculos o pétalos contestados. De ahí, podemos encontrar nuestra primera opción de *Ikigai*. Como ya hemos mencionado, lo que ahora tenemos que considerar es haciendo qué cosas puedes tener una retribución o pago. Pero si no lo requieres así, lo puedes dejar y encontrar en su lugar qué es lo que te da más satisfacción o sentido de trascendencia.

Los japoneses ven al *Ikigai* como un camino. No siempre es establecer una razón de existir que sea inamovible; puedes ir probando hasta encontrar lo que vaya mejor contigo y tu momento.

```
         Satisfactorio pero                    Goce y sentido
         con cierta sensación                  de realización,
           de inutilidad        Lo que         pero sin riqueza
                                AMAS

                           PASIÓN
                                      MISIÓN
              En lo que                        Lo que
                ERES          IKIGAI          NECESITA
               BUENO                           el mundo

                         PROFESIÓN
                                    VOCACIÓN

         Comfortable pero     Por lo que
         sensación de vacío   te pueden
                               PAGAR
                                               Entusiasmo y
                                               complacencia,
                                               pero sensación de
                                               incertidumbre
```

Si observas en el diagrama, hay también otras intersecciones entre los pétalos. Una es la comprendida entre lo que amas, lo que eres bueno y por lo que te pueden pagar. Este espacio es algo que te da satisfacción, pero como es algo que el mundo no necesita, el sentimiento es de inutilidad, por lo que no te llevará a la plenitud.

Por otro lado, está la intersección entre lo que amas, el mundo sí necesita y además eres bueno. Esto te dará deleite, plenitud, pero no te generará riqueza. Si esta carencia te resulta un inconveniente, tendrías que valorar si la plenitud es suficiente para no buscar riqueza a cambio.

El espacio comprendido entre lo que amas, el mundo necesita y, además, te pagan, te hará sentir emoción, complacencia, pero te dará mucha incertidumbre porque no sabes si lo podrás realizar, ya que no eres bueno en eso y, sin duda, hay otras muchas personas que lo harán mejor que tú.

Al final de cuentas, el autoconocimiento te puede llevar, quizá, a que en esta etapa de tu vida tu hobby se pueda volver tu profesión.

Hasta aquí hemos platicado una de las metodologías para definir cuál es tu propósito de vida. Como hemos mencionado, es solo una sugerencia; tú podrás seguir el proceso que te parezca más apropiado. Pero sí te recomendamos que te tomes el tiempo necesario para hacerlo. Recuerda que estás definiendo a qué te vas a dedicar en este tercer tiempo de tu vida.

Seguramente, no es la primera vez que haces un proceso de definir tu propósito de vida. Quizá tengas la costumbre de hacerlo con cierta periodicidad o, tal vez, ya hayan pasado muchos años desde que lo hiciste por última vez. La vida es muy cambiante y lo que fue tu propósito ya no tiene por qué seguir siéndolo.

Con los años, hay que hacer cambios. No es lo mismo la estrategia que define un entrenador de fútbol cuando tiene 90 minutos por delante, a la que determina cuando sabe que le quedan 5 minutos. Su propósito, seguramente, siempre fue ganar; pero si en los primeros 85 minutos sucedieron cosas fuera de su plan original, tendrá que hacer cambios drásticos para lograr su propósito. Igual nos pasa a nosotros en la vida. Ahora, tenemos que poner manos a la obra de inmediato.

Ya con tu propósito definido, tendrás que realizar un plan detallado considerando lo siguiente: ¿qué es lo que tienes que hacer para lograrlo? ¿Lo puedes hacer tú solo? ¿Tienes que buscar uno o varios socios? ¿Tienes que buscar un empleador? ¿Requieres algo de preparación adicional? ¿Necesitas hacer una inversión? ¿Implica un riesgo? ¿De qué tamaño es el riesgo? ¿Es tu patrimonio? ¿Tu pareja o familia te apoya? Estas son solo algunas preguntas, puedes agregar todas las que sean necesarias.

Si tu *Ikigai* implica una inversión fuera de tus posibilidades, ya en algunos países los inversionistas e incluso ciertas instituciones financieras tienen mayor apertura para apoyar emprendimientos de personas adultas mayores. Pero es importante que presentes un buen plan financiero. Si dentro de tu experiencia no está el tema financiero, apóyate de profesionales en la materia para evitar riesgos que pudieran comprometer de más tu patrimonio.

No perdamos la oportunidad, por enfocarnos en las sensaciones, de tener un propósito. Las sensaciones te pueden hacer sentir bien momentáneamente, pero el propósito te acerca a la plenitud. Es tiempo de hacer tu plan para alcanzar tu propósito.

Reflexión

*Estamos iniciando el tercer tiempo de nuestra vida.
¿Cómo lo quieres vivir?*

¿Cómo honrarás el regalo que Dios te ha dado de llegar hasta aquí con las fuerzas y talentos que poses?

¿Te das cuenta de la importancia de tener un propósito de vida?

¿Ya has identificado a qué te quieres dedicar en los años que están por venir?

Felicidad y trascendencia

Todos los seres humanos aspiramos a la felicidad y la trascendencia. Sin embargo, lo vemos como algo utópico, por lo que, inconscientemente, no nos cuestionamos qué tenemos que hacer para lograrlas.

Empecemos por la felicidad. Solemos confundir la felicidad con la sensación de estar contento, con la alegría. Pero, en realidad, la felicidad es algo muy distinto.

También limitamos la felicidad a algunas cosas o condiciones: voy a ser feliz cuando mi hijo se gradúe; voy a ser feliz cuando pueda comprar la casa de mis sueños; voy a ser feliz cuando… Y después llega ese cuando y nos planteamos otro: ahora, voy a ser feliz cuando pueda comprar el automóvil.

Lo que estamos haciendo al condicionar la felicidad es olvidarnos de vivirla. La felicidad es una actitud, es una decisión. Podemos decidir ser felices ahora con lo que tenemos, con lo que somos. La felicidad tiene que ver, más bien, con la serenidad, con la paz interior que podamos experimentar, con la aceptación. Es importante aclarar en este momento que la aceptación no está relacionada con el conformismo. Aceptar algo no quiere decir que no aspire a otra cosa. Lo que quiere decir es que no me voy a frustrar, no voy a ser infeliz por no tenerlo… Lo acepto y lo disfruto.

No vivir el presente es uno de los peores enemigos de la felicidad. Hay quienes viven enganchados en el pasado y esto los vuelve depresivos. Son resentidos o amargados. Por otro lado, están aquellos que viven constantemente angustiados por el futuro y son ansiosos. Por lo mismo, no son capaces de disfrutar del presente. La única forma de ser felices es vivir en el presente y fomentar los pensamientos positivos.

Adicional a los temas emocionales que hemos comentado, científicamente, la felicidad se explica relacionada con la química del cerebro. Incluso existen las llamadas «hormonas de la felicidad», que son: endorfina, serotonina, dopamina y oxitocina. Cada una de ellas realiza acciones diferentes, se origina en un lugar diferente y se activa de diferente manera.

- La **ENDORFINA** se activa principalmente con las sensaciones de dolor y de placer, por lo que para activarla se sugiere hacer ejercicio, bailar, ingerir chocolate o comidas picantes.

- La **SEROTONINA** es un neurotransmisor relacionado con el estado de ánimo y con las emociones. Cuando la tenemos disminuida se puede presentar depresión y ansiedad. Se favorece con la ingesta de alimentos como el arroz, la pasta y el huevo. Para nivelarla de forma natural también se recomiendan pensamientos positivos.

- La **DOPAMINA** es la hormona de la recompensa y la satisfacción. Se activa a través del ejercicio, el sexo, escuchando música. De igual manera, cuando se tiene un logro que es importante.

- La **OXITOCINA** es la hormona del amor. Facilita las relaciones sociales, la autoestima, y la autoconfianza. Se activa mediante el contacto físico, la risa, el llanto. Favorece la salud mental.

Finalmente, a la felicidad no la tenemos que buscar: está en nosotros. Solo tenemos que decidirla y permitirnos vivirla. Si no hemos aprendido a ser felices, es momento de hacerlo. Solo tú puedes lograrlo.

Ahora bien, el sentido de trascendencia es inherente al ser humano. Su significado es sobresalir; cada persona puede tener su propio concepto según sean sus valores, pero podemos encontrar en común el deseo de ir más allá del yo, de la propia identidad… Vernos como una pequeña parte de algo mayor a nosotros, asumirlo y hacer algo en consecuencia.

Para los grandes filósofos, la trascendencia siempre ha sido todo un tema. Pero no pretendemos entrar en un tratado filosófico; más bien, lo haremos de una manera simple. Así, diremos que es el deseo de dejar un impacto.

Quizá un acercamiento que hemos tenido al concepto de trascender es a través de la pirámide de Maslow sobre la jerarquía de las necesidades. Durante muchos años, se planteó la autorrealización en la cúspide de las necesidades del desarrollo humano. Diferentes autores hablan ahora de la autotrascendencia como un objetivo que se enfoca en los demás, en lugar de enfocarse en uno mismo. Persigue objetivos más elevados que aquellos que se centran en el interés propio.

Lo importante es no buscar la trascendencia desde nuestro ego; es decir, no buscar el reconocimiento, sino sembrar sin esperar cosechar y así, de manera intrínseca, es como se logrará.

En su libro *La negación de la muerte*, Ernest Becker nos habla de tres formas en las que el ser humano niega la muerte. La primera es LA RELIGIÓN: usamos la religión pensando en que, si seguimos sus mandamientos como dogma, nos ganaremos el cielo y así la vida eterna.

La segunda es EL AMOR. El amor como justificación de nuestra existencia: yo doy amor a mi pareja, a mis hijos y, con eso, ya puedo trascender. Suele darse incluso el pensamiento de que, al tener hijos, ellos llevan mi apellido y con eso trasciendo, porque mi apellido perdurará por generaciones.

La tercera es EL ARTE, ya que el artista piensa que su obra trascenderá por años, décadas y hasta siglos. Son formas en que los seres humanos han buscado engañar a la muerte.

Becker expone también que si la muerte no existiera o si los seres humanos no tuviéramos un tiempo limitado en la tierra, no tendríamos la motivación para hacer cosas, para cumplir un propósito, porque las iríamos difiriendo para después, para el día siguiente y después para el día siguiente y así sucesivamente, de modo que nunca haríamos nada. Por lo tanto, al tener consciencia de la muerte hacemos cosas no solo por y para nosotros mismos, sino también para las demás personas.

También es común pensar que trascender es dejar un legado. Sin embargo, por lo general, un legado es algo material que legalmente se deja a otra persona. Y las posesiones no son la única y mejor manera de trascender.

Antes, se decía que al paso de la vida teníamos que sembrar un árbol, tener un hijo y escribir un libro. Hoy, sabemos que nuestra responsabilidad va mucho más allá de eso. Quizá, haciendo una analogía, podríamos decir: sembrar una obra o iniciativa que pueda crecer, florecer y dar sus frutos, aunque nosotros ya no estemos aquí. El tener un hijo pudiera ser participar en la formación de alguna persona en nuestra vida, ser mentor de alguien. El escribir un libro lo podemos comparar con compartir conocimiento. Actualmente, también hay diferentes formas de compartir conocimiento. Si no es un libro, puede ser por conferencias, un blog, podcast o cualquier otro medio que permita una comunicación masiva.

Aquí, algunas ideas que cualquiera de nosotros podemos llevar a cabo. Pero, sin duda, hay muchas más y de mayor impacto.

1. **HAZ UNA OBRA DE ARTE.** Por más sencilla que sea, en ella plasmarás tu creatividad, tu sentir y otros sabrán de ti. Una obra de arte llevará algo de tu esencia.

2. **ESCRIBE UN LIBRO.** Seguramente, con los años vividos tienes mucho que transmitir: conocimientos, experiencias, cuentos, poesías, novelas. Es solo cuestión de empezar… Las palabras brotarán y quedarán plasmadas en algo que puede llegar a muchas personas y causar un efecto positivo en tus lectores.

3. **CAMBIA LA VIDA DE ALGUIEN.** Comparte tu experiencia, sé mentor de alguien. Algunas cosas que nosotros vemos como pequeñas pueden tener mucho valor para alguien más. Otorga una beca, dale alimento a alguien.

Mientras más pronto lo hagas, más pronto empezarás a sentir el gozo de la gratitud de la persona que ayudas. Y, si puedes, cambia la vida de muchos; verás que al iniciar con una persona vas a querer ampliar tu ayuda.

4. **Conviértete en referencia.** Que tu ejemplo sea inspirador para otras personas, ya sea por tu trabajo, por tus acciones en favor de alguna causa, por tu comportamiento o por eso en lo que eres muy bueno y los demás pueden ver.

Si te fijas, son pequeños actos. No pienses que para trascender tienes que hacer cosas espectaculares. Eso que para ti es sencillo, para otro puede ser espectacular. Al final de cuentas, nos convertimos en nuestra mejor versión cuando somos desinteresados y nos orientamos a ver por los demás.

Si hemos llegado a esta etapa en la que estamos considerando el retiro, es porque hemos recibido mucho de la vida. Es momento de devolver algo al mundo. Esto se refiere al VALOR CREATIVO, que es uno de los valores mencionados por Viktor Frankl; los otros dos valores son: VALOR VIVENCIAL y VALOR ACTITUDINAL.

En cuanto al VALOR VIVENCIAL, se refiere a recibir algo del mundo con gratitud; es decir, apreciar las relaciones amorosas y la belleza a nuestro alrededor, disfrutar y agradecer.

El VALOR ACTITUDINAL, según Frankl, es el poder desafiante del espíritu humano para enfrentar la adversidad con coraje o fortaleza, tomar una posición ante el destino.

¡Anímate a hacer algo que te haga trascender! Recuerda lo que dijo Benjamín Franklin:

Aquellos que renunciarían a la libertad esencial para comprar un poco de seguridad temporal no merecen libertad ni seguridad.

Reflexión

¿Qué estás haciendo por tu felicidad?

¿Crees que la felicidad es alcanzable?

¿Cómo te gustaría trascender?

¿Has iniciado ya alguna actividad que te lleve a la trascendencia?

¿En quién te debes convertir para morir en paz?

¿Qué necesitas hacer para morir completo?

¿Para qué estás aquí?

Valorando cada minuto de mi vida

Hemos dejado este tema al final del libro como una gran reflexión de las cosas que por muchos años no valoramos: el simple hecho de vivir. Hecho que, por cierto, no tiene nada de simple.

Cuando éramos jóvenes, sentíamos que teníamos toda la vida por delante… Es más, no nos deteníamos a pensar en esto. Seguramente, tuvimos alguna exposición a la muerte por el fallecimiento de algún abuelo, quizá algún amigo que hayamos perdido en un accidente. Pero la sensibilidad que teníamos era limitada.

Ahora que ya hemos visto partir, quizá, a nuestros padres, amigos de nuestra generación y, recientemente, a muchas personas conocidas por causa de la pandemia del COVID-19, seguramente hemos cambiado. Cada vez es más frecuente que escuchemos de muertos cercanos a nosotros.

Si bien la única garantía que tenemos al nacer es que un día vamos a morir, olvidamos agradecer el regalo de la vida. Es momento de reflexionar: ¿a qué le damos valor? ¿A las cuestiones materiales? ¿A la familia? ¿A las amistades? ¿En qué prioridad nos tenemos a nosotros mismos?

Espero que ya hayamos aprendido que hay muchas cosas que no se pueden comprar por más dinero que tengamos. Iniciemos nuestro día agradeciendo conscientemente por tener un techo, comida, salud, ropa, amigos, familia… Por esa gran razón de vivir que ya te has planteado.

Si alguna de las anteriores te faltan, valora las que tienes. Piensa que hay muchas personas en el mundo que no poseen ni lo básico y otros que, teniendo todo lo anterior, no llegaron a vivir este momento.

Valora las cosas que has logrado y la oportunidad de seguir sumando logros. Una buena práctica es tener un diario de gratitud. Este diario es una de las mejores prácticas, un hábito que te hace crecer espiritualmente.

Cuando entramos en la dinámica del agradecimiento, vamos desarrollando la capacidad de apreciar cosas que antes no veíamos. Agradecer es un hábito que podemos ir desarrollando… Requiere disciplina, pero produce grandes

El trabajo y el bienestar después de los 60

frutos. Si un día te sientes triste, solamente tendrás que leer tu diario y todo volverá a tener sentido.

Los diarios de gratitud se han hecho tan populares que incluso ya se comercializan. Los puedes encontrar tanto en tiendas físicas como en línea; sin embargo, lo puedes escribir en cualquier cuaderno. Solo asegúrate de que sea un cuaderno dedicado únicamente a esta finalidad y todos los días escribir algo.

No desperdiciemos nuestra vida quejándonos; mantengamos una actitud positiva. Recuerda el cuento: *Esto también pasará* (lo puedes escuchar en el código QR). Conscientes de nuestra temporalidad, valoremos cada minuto de nuestra vida.

Volviendo al tema central del libro, hemos mencionado que la edad no es motivo de retiro y que el trabajo genera bienestar. En este sentido, ejemplificaremos presentando

10 casos: unos, en donde no llegar preparados a la edad de retiro nos puede llevar a tomar decisiones que no favorecen el bienestar ni propio ni el de la familia; otros, en donde la preparación fue muy consciente, con resultados muy satisfactorios. Todos los casos son presentados en género masculino; sin embargo, algunos de ellos corresponden a historias de mujeres.

CASO 1: *Poniendo en riesgo la economía familiar*

Un empleado de una empresa pública en donde las prestaciones de jubilación pueden ser muy atractivas decide tomar una jubilación anticipada antes de los 55 años. Por el monto que recibe en una sola exhibición siente que sus finanzas son sanas y suficientes para vivir el resto de su vida y se va a su casa a descansar. Al pasar de los años, las condiciones del entorno económico en el país cambian drásticamente y su patrimonio se ve mermado significativamente por cuestiones ajenas a él. Como ya ha estado fuera del mercado laboral y, aunado a que ya se siente muy grande para retomar el trabajo, entiende que su estilo de vida tiene que cambiar, lo cual le genera frustración y culpabilidad ante su familia. Esta era su razón de ser, lo cual le impidió disfrutar del resto de su vida tal como la imaginaba. Fallece pasados los 75 años y parte con la preocupación de la situación económica que deja.

CASO 2: *Visión a muy corto plazo*

Poco antes de los 50 años, un empleado pierde su puesto de trabajo. Al recontratarse, tiene la opción de recibir una compensación más alta, pero sin prestaciones; o bien un sueldo menor, pero con todas las prestaciones de ley. Opta por la primera y trabaja unos años más. Cuando deja de trabajar no tiene derecho a pensión por retiro y sus ingresos se limitan a la ayuda que da el gobierno, por lo cual también su estilo de vida tiene que cambiar. Años atrás se había divorciado y ahora vive solo, ya que su ingreso no le permite formar una nueva familia. Sus mascotas eran su razón de ser. Al morir estas, decide ya no tener más animales de compañía. Vive solo, al día y con arrepentimiento por las decisiones tomadas en el pasado.

CASO 3: *Queriendo vivir de glorias pasadas*

Un alto directivo decide jubilarse pasados los 50 años. La empresa para la que trabajó cuenta con un plan de jubilación muy bueno, por lo que sus ingresos siguen siendo muy altos. Él estaba acostumbrado a mandar, a ser reconocido y adulado por su posición en la compañía. Al dejar de trabajar, las personas que lo adulaban ya no tienen por qué hacerlo y su posición de estatus se ve afectada. Su vida no está balanceada, pues siempre estuvo muy centrada en el trabajo. Al acabarse este, se acaba su motivación. Poco a poco, entra en un estado de depresión. A pesar de tener una posición económica envidiable, se descuida físicamente, abusa del alcohol, del cigarro, lleva una vida sedentaria, habla siempre del pasado y muere pasados los 60 años.

CASO 4: *Cuidando solo el aspecto económico*

Empleado a nivel directivo que decide retirarse y poner un negocio propio, el cual no le da la satisfacción que le daba el trabajo corporativo. Posteriormente, cierra el negocio y hace algunas inversiones en inmuebles, por lo que puede vivir bien de su pensión y las rentas que recibe. Pero no fomenta las relaciones sociales y familiares, se descuida físicamente y lleva una vida sedentaria. Hace intentos por encontrar algo que le guste, pero no es constante y va sobreviviendo por la vida con un buen patrimonio económico, pero sin patrimonio afectivo.

CASO 5: *Regreso del retiro*

Empleado de nivel gerencial que opta por jubilarse a la edad que le corresponde, se retira de la actividad profesional y se va a su casa. Los primeros meses le resultan problemáticos, ya que quiere llevar su necesidad de mando a su círculo social. Se vuelve quejumbroso, aunado a que inicia un proceso de chequeos médicos donde le detectan algunas enfermedades no mayores, pero entra en una racha de doctor tras doctor. Probablemente, algunas de estas enfermedades fueron de origen emocional. Con el tiempo, encuentra actividades dentro de su hogar que lo mantienen ocupado y satisfecho, se une a algunos grupos de voluntariado y se mantiene activo. Después de 5 años de estar retirado, repentinamente, le sale una oportunidad de regresar a la vida laboral en donde puede poner en práctica toda su experiencia y su trabajo es muy valorado. Después de haber dicho que no regresaría a trabajar, pues su vida en casa le gustaba, al presentarse esta oportunidad la toma y se encuentra totalmente realizado. Su regreso lo ha llenado de vitalidad y se ve radiante.

CASO 6: *Poniéndose al servicio de la sociedad*

Un empresario con un negocio mediano en marcha decide ya no dedicar tiempo completo al negocio, ya que cuenta con una administración a cargo. Aunque no se ha retirado al cien por ciento, ya se pensionó y decide hacer un proceso para definir su propósito de vida, enfocándolo al servicio social. Hoy, está más ocupado que nunca. Sigue teniendo sus ingresos del negocio más su pensión y vive totalmente satisfecho realizando su labor. Su familia lo apoya en este servicio, lo cual los ha unido más, y no busca ni requiere ningún tipo de reconocimiento.

CASO 7: *Un retiro parcial*

Un directivo, después de una carrera muy exitosa, opta por su jubilación para disfrutar su vida con su familia. Viaja frecuentemente, dedica buena parte de su tiempo para sus hobbies y actividades sociales. Para aprovechar todo su conocimiento y experiencia, participa como consejero en varias empresas, lo que le permite tener una agenda muy definida para sus compromisos laborales y un ingreso importante por esta actividad, aunado a su gran propósito de vida, que es su familia. Su vida es plena.

CASO 8: *Sin encontrar propósito ni ingresos*

Una persona que tuvo trabajo estable hasta los cuarenta años y de ahí en adelante, tras su divorcio, no logra encontrar su propósito y establecerse. Va de trabajo en trabajo, pero no ha podido alcanzar las condiciones para una pensión y sigue trabajando por temporadas en una cosa y otra. Su vida, en general, es inestable y entra en períodos de depresión. Aunque su vida familiar fue muy buena, parece como que la familia ya se cansó de ver por él, lo que le provoca resentimientos, culpa, frustración e impotencia. Continuamente, comenta que ya está por establecerse.

CASO 9: *De empleado a consultor y empresario*

Tras ser un excelente empleado en un ramo muy especializado, con altos grados académicos, llega a ser directivo. En varias ocasiones, hizo una propuesta de un proyecto para la empresa en la que trabajaba. La empresa nunca aceptó el proyecto, por lo que decide independizarse y trabajar como consultor, actividad en donde también fue muy exitoso. Después de varios años como independiente, toma la decisión realizar un emprendimiento muy sustentable, con ayuda a comunidades indígenas. Con más de 65 años, sigue siendo muy activo y productivo. En todos los ámbitos demuestra una gran vitalidad y realización.

CASO 10: *Abierto a nuevos horizontes*

Empleado que trabaja por más de 40 años en empresas, con gran enfoque en los resultados de trabajo, se desempeñó en varias áreas de especialización y salió siempre adelante en los altibajos que se le presentaron en su vida. Después de los 60, trabaja arduamente en su estabilidad emocional e inicia un proceso de definición de propósito, cuyo resultado lo lleva a decidirse por tomar la opción de retiro de la empresa. Una vez que pudo contar con una buena pensión, da un giro radical a su labor profesional, cambiando el trabajo retribuido por el social. Lo invitan con frecuencia a participar de diversos proyectos, los cuales analiza y se toma la libertad de decidir en cuáles entrar y en cuáles no. Se encuentra realizado y con gran vitalidad.

Hasta aquí, la narración de estos casos, los cuales son solo algunos ejemplos de muchos en donde podemos ver cómo las decisiones que tomamos repercuten en nuestras vidas.

Nunca es tarde para tomar la decisión que nos conduzca a nuestro propósito de vida. Definamos qué tipo de persona queremos ser y enfoquemos nuestro talento y energía en lograrlo. Está en cada uno lograr su propia definición. Todos somos diferentes; lo que es bueno para uno, no lo será para otro. Pero lo que sí aplica para todos es la responsabilidad que tenemos de construir nuestro futuro por el tiempo que estemos en este mundo y, por qué no, en lo que lleguemos a trascender.

Seguramente, conoces el término *bucket list* (lista de deseos), el cual se popularizó con la película del mismo nombre que, en español, se llamó *Antes de partir* y fue estelarizada brillantemente por Morgan Freeman y Jack Nicholson.

En la película, Carter Chambers (Freeman) siempre tuvo el deseo de estudiar filosofía y ejercer como maestro. Sin embargo, acaba siendo mecánico para sacar adelante a su familia. Por otro lado, el multimillonario empresario Edward Cole (Nicholson) está demasiado atareado haciendo dinero y construyendo un gran emporio.

Circunstancialmente, una enfermedad terminal los lleva a ambos al hospital en donde coinciden. Con estilos de vida muy diferentes, ambos se enfrentan a cómo vivir sus últimos días y emprenden la aventura de realizar las cosas que tienen en su lista de deseos para hacerlas antes de partir.

La lista, que fueron completando entre los dos, incluía los siguientes puntos:

1. *Ser testigo de algo verdaderamente majestuoso.*
2. *Ayudar a un completo extraño.*
3. *Reír hasta llorar.*
4. *Conducir un Mustang Shelby.*
5. *Besar a la chica más hermosa del mundo.*
6. *Hacerse un tatuaje.*
7. *Practicar paracaidismo.*
8. *Visitar Stonehenge.*
9. *Conducir una motocicleta en la Gran Muralla China.*
10. *Ir de safari.*
11. *Visitar el Taj Mahal.*
12. *Sentarse en las Grandes Pirámides de Egipto.*
13. *Encontrar la alegría en tu vida.*

En uno de los diálogos de la película, Freeman le dice a Nicholson que cuando las almas de los antiguos egipcios llegaban a las puertas del cielo, los dioses les hacían dos preguntas;

según sus respuestas, les permitían entrar o no. Las preguntas eran:

- ✓ *¿Tuviste una vida plena y feliz?*
- ✓ *¿Has brindado alegría a otros?*

Puede ser muy gratificante realizar una lista de deseos o *bucket list* en la que incluyas aquello que quieras cumplir o cosas por lograr, incluir experiencias vitales para ti, lugares que quieras visitar y cosas que hacer. Pueden ser cosas muy sencillas que hayas pensado y que en cualquier momento puedes realizar, pero que has dejado en el tintero y que, si no las escribes, probablemente no las realices.

Las listas de deseos son algo muy personal. Basta ver la que compartimos, que era la de la película. Las posibilidades de una persona son muy diferentes a las de otra; los gustos, los valores o, simplemente, el grado de realización de cada uno. Quizá lo que esté en la lista de uno, ya haya sido todo realizado por otro. Y más importante aún es ir haciendo cada una de las cosas en la lista porque, repentinamente, el tiempo se puede acabar y eso que dijimos que haríamos el próximo mes quizá no llegue.

La edad no es motivo de retiro. Mencionamos algunos casos de personajes famosos, todos activos y con una buena cantidad de años encima: Clint Eastwood, Giorgio Armani, Mario Vargas Llosa, Reina Isabel II de Inglaterra, Woody Allen, Norman Foster, Anthony Hopkins, Al Pacino, Jane Fonda, Papa Francisco, Shimon Peres, Giorgio Napolitano. Cada uno, dentro de su profesión, pareciera que mantenerse activo es un factor motivador. Son personas que tienen un propósito de vida y esto es solo un ejemplo de muchos más, así es que, famosos o no famosos, vamos a mantenernos revitalizados.

Otra película que tiene un gran mensaje sobre valorar el tiempo de vida es: *¿Conoces a Joe Black?* Si la recuerdas, está por celebrarse el cumpleaños 65 de William Parrish, un poderoso y meticuloso magnate. Repentinamente, aparece un joven atractivo y enigmático, Joe Black, quien se enamora de su hija. Joe es, en realidad, la personificación de la muerte y tiene una misión que cumplir.

Aunque Parrish es un hombre activo y poderoso, su entorno cercano lo hace ver y sentir como un anciano. Los diálogos de la película están llenos de sabiduría. Entre ellos, destacamos cuando Black le dice a Parrish: «Estás tratando de controlar la situación. Pero esta es la única situación que sabías que no podrías controlar». O cuando Parrish le dice a Black: «¿Joe? ¿Por qué no me das un respiro? ¿Una excepción? Toda regla tiene la suya». Y Black le contesta: «Esta no». En ambos casos, refiriéndose a la muerte.

Sin querer abordar el tema de la muerte, sin duda, la invitación a valorar cada minuto de la vida es, precisamente, porque sabemos que esta tiene un fin en este mundo.

Reflexión

¿Tienes la sensación de haber perdido el tiempo?

¿Eres agradecido?

¿Vives tus días como si cada uno fuera el último?

¿Estás construyendo tu futuro?

¿Tienes tu «bucket list»? ¿Trabajas en ir realizando cada punto?

¿Has tenido una vida plena y feliz?

¿Has brindado alegría a otros?

Epílogo

Cada uno de los capítulos presentados en este libro han sido escritos a modo de conclusión de diferentes investigaciones, cursos, lecturas y aprendizajes que obtuve en mi proceso de preparación para esta etapa de la vida, la cual estoy iniciando.

Ante todo, deseo destacar el giro que decidí tomar a sabiendas de que, sin estas reflexiones, mi ego me hubiera llevado a continuar mi carrera profesional tal como la llevaba.

Finalmente, pude comprobar que solo se trataba de una zona de confort. Esto no significa que mi trabajo no era retador, claro que lo era. Pero encontré que mi propósito de vida estaba en otra área.

La invitación es a que te mantengas productivo, ya sea en actividades con retribución económica o en el servicio social, en donde hay grandes oportunidades y motivos de satisfacción.

También te invito a vivir en el agradecimiento, en la vida consciente e implantando hábitos que te hagan convertirte en el tipo de persona que quieres ser hasta el último día de tu vida.

Soy Mentora en Productividad Personal y ayudo a las personas en estos procesos.

¡CUENTA CONMIGO!

Made in the USA
Columbia, SC
16 June 2023